A LA MÉMOIRE

DE

MESSIRE

AMÉDÉE DE SAVIGNHAC.

« In memoriâ æternâ erit justus.
« La mémoire du juste sera éternelle. »
(Ps. CXI, 7.)

AU PROFIT DE L'ŒUVRE DE SAINTE ANNE.

PRIX : 50 centimes.

VANNES

IMPRIMERIE DE L. GALLES, RUE DE LA PRÉFECTURE.

1871.

A LA MÉMOIRE

DE

MESSIRE

AMÉDÉE DE SAVIGNHAC.

« *In memoriâ æternâ erit justus.*

« La mémoire du juste sera éternelle. »

(Ps. CXI, 7.)

AU PROFIT DE L'ŒUVRE DE SAINTE-ANNE.

PRIX : 50 centimes.

VANNES

IMPRIMERIE DE L. GALLES, RUE DE LA PRÉFECTURE.

1871.

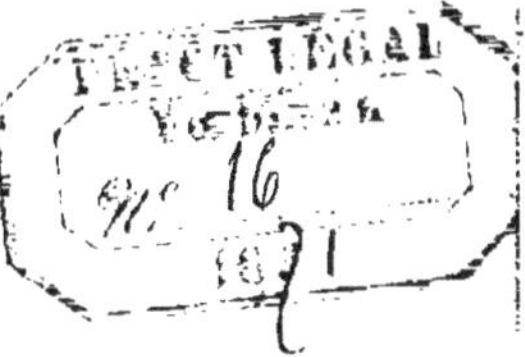

Le culte des morts est de tous les temps et de tous les
lieux. Les vivants y trouvent honneur, consolation, courage,
force, édification. Ses symboles, ses pompes, ses mausolées,
ses épitaphes, ses superstitions mêmes, révèlent le génie
de chaque peuple, la vivacité de sa foi, la pureté de sa
morale, l'élévation de ses sentiments, les particularités de
ses coutumes...

Hélas! il arrive que des chrétiens s'oublient jusqu'à porter
au bord d'une tombe leurs exagérations et leur vanité.
Déposons plutôt avec simplicité et sans commentaires sur
celle qui fut soudainement ouverte au milieu de nous,
le 23 *février* 1871, quelques-unes des paroles de regret,
d'éloge et de condoléance que la Religion et l'Amitié pro-
noncèrent à l'envi en cette cruelle rencontre. Nous élèverons
ainsi à la mémoire bénie de feu Amédée de Savignhac un
humble monument dont la vérité, la justice et la reconnaissance feront tous les frais. Ce ne sera pas pour la noble
famille du vénéré défunt le moindre de ses titres à la
considération et à l'estime dont elle jouit. Ses amis
conserveront respectueusement ce souvenir funèbre. Ses
compatriotes y rechercheront avec complaisance les rares
qualités d'un homme d'esprit et de cœur, qui *a passé*, trop
rapidement, *en faisant le bien*.

† JEAN-MARIE, Év. de Vannes.

Le 12 Mars 1871.

LETTRE

DE MONSEIGNEUR L'ÉVÊQUE DE VANNES

A

MADAME DE SAVIGNHAC.

——————

MADAME,

Permettez à votre Évêque de pleurer avec vous un de ses diocésains les plus estimables. Tous ceux qui ont connu notre cher défunt, partageront votre trop juste douleur. La paroisse d'Augan portera particulièrement le deuil d'un père adoptif, qui lui a fait tant de bien. Elle vient de perdre un ami dévoué, un conseiller intelligent et sage.... Les pauvres ne reverront plus leur protecteur.... Vous leur servirez de mère.

Cette fin prématurée plonge dans l'affliction le pays tout entier. Personne, au-delà du cercle de votre noble famille, n'en ressentira plus vivement que moi la pénible impression. Mon humble berceau fut placé non loin de la demeure hospitalière où le digne compagnon de votre vie donna l'exemple des vertus domestiques. Je n'ai point oublié la touchante visite dont vous daignâtes l'un et l'autre honorer un de vos voisins les plus ignorés, lorsqu'il vous fut annoncé que Dieu l'avait tiré de son obscurité, pour le placer à la tête de son peuple. Cette démarche empressée et si pleine de délicatesse, me pénétra de la plus profonde gratitude. Elle me permit d'apprécier la vivacité de votre foi et la distinction de vos sentiments. Je ne connaissais encore que de nom votre époux. Il me fut aisé de comprendre qu'il n'était point au-dessous de sa réputation. Les rapports qu'il m'a été donné d'avoir avec lui depuis ce temps-là, n'ont fait que confirmer cette première impression, si favorable.

Hier, mon religieux patriotisme fondait sur M. de Savignhac les plus légitimes espérances. Aujourd'hui, j'aperçois, avec tristesse et inquiétude, la place qu'il laisse vide à l'Assemblée nationale, où je le savais capable et désireux de servir l'Église et la France. Que la sainte volonté de Dieu soit faite! Grâce au ciel, notre Bretagne ne manque pas d'hommes qui se font gloire de pratiquer sa foi, de défendre ses intérêts et de maintenir ses traditions. Puisse le choix d'un nouveau député répondre convenablement aux besoins pressants de notre malheureuse situation! J'avoue que j'en connais peu de la valeur et de la mesure de M. de Savignhac.

Son excessive modestie ne réussissait pas à cacher son mérite. Conséquent avec lui-même, il ne se départit jamais de ses principes arrêtés, en politique comme en religion. Bienveillant jusqu'à l'indulgence envers les personnes, qui le trouvaient toujours inoffensif, il ne transigeait point avec sa conscience. D'autres, autour de lui, parlaient et s'agitaient davantage ; montraient-ils autant de perspicacité, d'indépendance et de désintéressement ? Esprit droit et élevé, cœur généreux et compatissant, caractère égal et ferme, il se résignait chrétiennement aux vicissitudes, aux contradictions, aux épreuves de toutes sortes, qui n'altéraient point ses convictions.

Au lieu de récriminer en vain, il attendait avec patience, dans un salutaire recueillement et une retraite laborieuse, les événements, où il savait reconnaître l'intervention de la justice et de la miséricorde divines. Son unique ambition était de servir Dieu, d'assister son prochain en l'édifiant, et de rendre heureux son entourage.

Cependant, ses compatriotes et ses amis ne le perdaient point de vue. Aussi, dans la tourmente que nous traversons, fut-il désigné un des premiers pour la mission délicate et importante qu'il accepta par devoir, en gémissant de démarches inconsidérées. Hélas! en lui donnant nos suffrages, ne l'avons-nous pas conduit au sacrifice qui nous désole? Il partit, après s'être recommandé aux prières de ses prêtres et de ses familiers. A peine s'était-il mis à cette œuvre complexe et périlleuse, sans cesser ses exercices spirituels, qu'il fut subitement atteint du mal auquel il a succombé. Et voilà que la nouvelle de sa mort, apportée sur les ailes de la foudre, met à néant nos calculs, trop humains peut-être. Depuis longtemps notre vénéré concitoyen avait compté avec le Souverain Juge des vivants et des morts. Il n'a point été pris au dépourvu.

Cette assurance, Madame, fera la force et la consolation de votre veuvage. Oui, nous avons lieu de croire que ce fervent chrétien a reçu la récompense promise au *serviteur fidèle et prudent*. Nous demanderons toutefois à Dieu le repos de sa belle âme, pendant que nous rendrons à ses restes mortels les derniers devoirs. Il a mérité de dormir en paix à l'ombre de l'église monumentale que nous consacrions naguère, et où il avait prodigué sa fortune, son talent et son zèle. Dans cet espoir, je me suis empressé d'adresser au Ministre des Cultes le télégramme suivant :

« L'Évêque de Vannes et le Conseil municipal d'Augan
» supplient Votre Excellence d'autoriser l'inhumation de
» Monsieur de Savignhac, Député du Morbihan, dans l'église
» paroissiale bâtie par le défunt. »

En attendant la réponse du Gouvernement, je vous envoie, Madame, l'hommage de ma condoléance. Je me réserve de vous en renouveler l'expression dans quelques jours, avant de présider la cérémonie funèbre.

Puissé-je trouver assez de voix pour payer à la mémoire bénie de cet honnête homme, juste devant Dieu et devant ses semblables, inébranlable dans ses desseins, le tribut d'éloges et de vénération qui lui est dû. Je ne séparerai ni dans mes prières ni dans mon estime deux âmes d'élite que Dieu avait unies par des liens que la mort n'a pas brisés.

Tels sont, Madame, les religieux sentiments que m'inspire le malheur qui vous frappe dans vos plus naturelles affections, et auquel tant de cœurs compatiront, ainsi que votre très humble serviteur

† JEAN-MARIE, *Év. de Vannes.*

Le 25 Février 1871.

OBSÈQUES

DE

MONSIEUR DE SAVIGNHAC.

(Extrait de la Semaine religieuse *de Vannes.)*

———

La foule nombreuse et désolée qui se pressait, le 28 février, dans l'église d'Augan, témoignait hautement combien a été sentie la perte que nous venons de faire en la personne de M. de Savignhac. Toute la paroisse en deuil entourait le corps de celui qui fut son bienfaiteur. Une députation de la garde nationale de Ploërmel rendait au défunt les honneurs militaires. On accourut des paroisses environnantes pour payer à cet homme de bien un juste tribut d'estime et de reconnaissance. Toutes les classes de la société s'y trouvaient confondues. Monseigneur Bécel, accompagné de M. Fouchard, vicaire général, avait quitté sa ville épiscopale dans la nuit, afin de se procurer la consolation de présider cette cérémonie funèbre. Cinquante prêtres, désireux de rendre le même hommage à cet héroïque chrétien, entouraient leur évêque.

M. le recteur d'Augan célébra la sainte messe. Ami du défunt et confident de ses pensées les plus intimes, mieux que tout autre il avait su l'apprécier. Aussi plus d'une fois l'assistance put craindre que sa voix, qui trahissait son affliction profonde, ne pût achever les chants prescrits par la sainte liturgie. Chacun partageait son émotion. Les uns pleuraient un père ; d'autres, un conseiller et un soutien; tous, un ami.

Après l'évangile, Monseigneur Guilloux, archevêque de Port-au-Prince, monta en chaire et prononça le discours suivant :

> *Operatus est bonum et rectum et verum coram Domino Deo suo.*
>
> Il fit ce qui était bon, droit et vrai en la présence du Seigneur son Dieu.
>
> (II *Paral.*, XXXI, 20.)

MONSEIGNEUR,

Si je n'écoutais que l'émotion profonde qui me domine en ce moment, je garderais le silence : le silence de la douleur et le silence de l'admiration ; de la douleur, à la pensée de la grande perte que nous venons tous de faire, et avec nous cette paroisse et le pays; de l'admiration, en présence d'une vie si pure, qui vient de se terminer par un sublime holocauste offert à la patrie malheureuse. Mais comment garder le silence, en face d'un cercueil qui renferme des restes si chers, nous rappelle de si édifiants souvenirs, et nous donne des leçons si éloquentes, qu'il nous importe de n'oublier jamais? Peut-être aussi sera-ce un soulagement à notre douleur, de la laisser éclater un instant et de la faire tourner à notre profit, en mêlant à nos prières la mémoire bénie de tant de saintes œuvres, qu'emporte dans le tombeau l'honorable défunt dont nous pleurons la perte.

Mes frères, en cherchant à vous présenter un court tableau de la vie de Monsieur Amédée de Savignhac, j'en trouve le résumé le plus simple et le plus complet dans le bel éloge que l'Esprit-Saint a fait, au deuxième livre des Paralipomènes, du saint roi Ézéchias : *Operatus est bonum et rectum et verum coram Domino. — Il a fait ce qui était bon, droit et vrai en la présence du Seigneur son Dieu. —* Homme à raison claire et élevée, toujours guidé par les grandes pensées de la foi, *operatus est verum. —* Cœur sincère, noble et généreux, il a opéré ce qui était droit, *et rectum. —* Enfin, pendant sa vie, vouée toute entière à l'accomplissement du devoir et à la pratique des bonnes œuvres, sous l'œil de Dieu, à qui il chercha uniquement à plaire, il a passé en faisant le bien, *operatus est bonum coram Domino Deo suo.*

Au milieu de l'affaiblissement des vérités divines dans le monde, ce fut pour Monsieur Amédée de Savignhac une grâce bien précieuse d'avoir reçu le jour au sein d'une de ces familles honorables et chrétiennes, où les traditions de loyauté, d'honneur, de foi et de piété sont héréditaires. Car, il ne faut pas l'oublier, mes frères, cette lumière de Dieu, qui éclaire le berceau de l'homme au baptême, est plus tard, dans le cours de la vie, son meilleur guide.

Les premières leçons de la famille lui furent redites, exposées, développées dans son jeune âge, à l'ombre du sanctuaire béni de Sainte-Anne, par des maîtres pieux et savants, auxquels la France doit aujourd'hui tant d'hommes distingués et consciencieux, tant de grands citoyens. Là, il grandit à la fois dans l'étude des sciences et des lettres, et dans la pratique des vertus modestes qui furent l'âme de de toute sa vie. Consolation de ses maîtres, modèle de ses

**

condisciples, joie de sa famille, il croissait, à l'exemple du divin Maître, en sagesse et en grâce devant Dieu et devant les hommes.

Après avoir hésité quelque temps entre la vie religieuse et la vie militaire, il embrassa la profession des armes, mais sans se départir en rien de ces profondes convictions catholiques qui font à la fois les saints et les héros.

L'école polytechnique le trouva tel que l'avait vu le pieux sanctuaire de Sainte-Anne : homme d'études, brillante intelligence, chrétien sans peur et sans reproche, sachant au besoin rendre compte de sa foi de manière à déconcerter l'impiété moqueuse, pratiquant ses devoirs religieux sans respect humain comme sans ostentation. La religion, mes frères, est la mère des grands caractères ; elle donne à l'âme du soldat comme à celle du martyr cette mâle énergie qui triomphe de tous les obstacles, qui a fait les Charlemagne, les saint Louis, les Duguesclin, les Bayard, tant de grands capitaines.

Notre vénéré défunt joignait à une nature exceptionnellement douce, affable, bienveillante, toute l'énergie d'un homme de guerre. Il en avait le génie, le courage, l'abnégation, le dévouement. En 1830, il était à Paris, à peine convalescent d'une fluxion de poitrine qui avait fait craindre pour ses jours, et gardait encore le lit, lorsqu'on vint lui dire que des troubles avaient éclaté à Versailles. Il oublie sa faiblesse, et sans s'inquiéter du péril d'une rechute, il vole au devant du danger, va rejoindre ses compagnons d'armes, passe près de quarante-huit heures sans presque prendre aucune nourriture. Voilà bien le brave soldat, l'homme de sacrifice, l'homme de devoir qui s'oublie lui-même en présence du danger commun. Bientôt après, il se distingua sur un autre théâtre. L'émeute organisée à Toulouse menaçait à la fois la force armée et la sécurité publique. Il était là, toujours semblable à lui-même, toujours calme, mais toujours résolu; et avec quelques hommes sa noble attitude déconcerta les agitateurs.

Il eût pu parvenir à un des grades les plus distingués de notre armée; mais il était sans ambition : aussi, à la voix de son vieux père, dont il était devenu l'unique consolation, il sacrifia volontiers la brillante carrière qui s'ouvrait devant lui, et il rentra dans la vie privée. C'était l'ange que le Seigneur envoyait à ce vieillard vénérable pour lui fermer les yeux et l'endormir dans les bras de la religion. Cette grâce lui fut accordée. Qu'il était beau de voir le père à côté de son fils à la table sainte ! Quelle joie pour l'un et pour l'autre dans ces délices communes du sacré banquet, jusqu'au jour où, descendant dans la tombe, le vieillard tendit pour la dernière fois la main à son cher Amédée, dans l'espérance de le revoir bientôt au ciel !

A cette époque, notre honoré défunt avait déjà pour compagne celle qui le pleure aujourd'hui. Jamais union fût-elle mieux assortie ! Aménité parfaite de rapports, respect mutuel, pas une parole, pas un nuage pendant près de trente années !

Ah ! mes frères, où donc trouva-t-il le secret de ce mâle courage, de ce désintéressement de l'homme de guerre, avec cette sérénité toujours égale qui fait le charme de la vie domestique? C'est que son intelligence, nourrie dès le principe des douces et fortes vérités de notre foi, était toujours restée dans la lumière de Dieu; c'est que son cœur, en parfaite harmonie avec sa pensée chrétienne, avait accepté avec amour et générosité la pratique de tous les devoirs que la religion nous impose, et sous cette heureuse influence, non-seulement *il opéra ce qui est vrai, mais aussi ce qui est droit en la présence du Seigneur. Operatus est verum et rectum in conspectu Domini.*

Qu'ils sont rares aujourd'hui, mes très chers Frères, ces hommes au cœur droit, à qui le Seigneur a promis toutes les richesses de sa miséricorde : *Quam bonus Israël Deus his qui recto sunt corde!* sur qui il nous assure qu'il versera les flots de lumière au sein des ténèbres : *Exortum est in tenebris lumen rectis corde;* à qui il convient de le louer : *rectos decet collaudatio!*

Combien est petit le nombre de ceux qni n'ont pas sacrifié aux caprices versatiles de l'opinion, aux idées du siècle, aux intérêts du moment, à la mobilité de la politique ! Mais qui donc avons-nous vu en la personne de notre honorable défunt ? Puis-je vous demander comme Jésus-Christ Notre Seigneur le demandait aux disciples de Jean, au sujet de leur maître ? *Un roseau agité par le vent ?* Non, non ; tout en faisant la part des temps et des circonstances, en sachant tirer parti des hommes et des occasions qui se sont présentées, de faire le bien partout et toujours, il a su conserver ses convictions saines et pures, parce qu'elles s'appuyaient sur les principes qui doivent servir de règle à la conscience chrétienne : *le droit, la justice, l'honneur.*

Mais qu'il me tarde, mes frères, de vous le montrer, se dépensant tout entier dans l'exercice des bonnes œuvres ! Oui, cet homme à l'intelligence si pure, au grand caractère, au cœur droit, devait être et a été un homme de bonnes œuvres. Qu'ai-je besoin de sortir de cette enceinte pour vous rappeler les bienfaits qui se sont échappés de ses mains ou plutôt de son cœur ? N'a-t-il pas touché au doigt tous les besoins de cette paroisse : les besoins religieux, les besoins moraux, les besoins matériels ? et à quoi s'est écoulée sa vie depuis trente ans, sinon à y pourvoir avec un large dévouement ? Je le sais, il y a ici bien des âmes généreuses qui consument leur vie en faisant le bien. Heureuse la paroisse où l'exemple vient d'en haut, où l'on trouve tant de mains qui s'ouvrent, où toute pensée généreuse rencontre une si honorable sympathie ! Cependant je ne craindrai de blesser aucun des dévouements qui m'entourent, en disant qu'il a été l'âme de toutes les fondations utiles qui se sont faites à Augan depuis quelques années. Filles de l'Immaculée-Conception, n'a-t-il pas été l'un des principaux fondateurs de cette école où déjà tant d'enfants ont reçu le bienfait de l'éducation chrétienne ? Qui vous donne asile en ce moment, ainsi qu'au respectable Frère de l'Instruction chrétienne qui, de son côté, travaille à former la jeunesse ? C'est lui, vous le savez, mes frères. Parlez, parlez à votre tour, temple du Dieu vivant. Ah ! quand nous nous tairions, les pierres du sanctuaire publieraient son zèle et ses sacrifices pour bâtir cette maison du Seigneur. C'était un des vœux les plus chers à son cœur, de donner à Jésus-Christ un sanctuaire plus digne de lui. Comme le brave serviteur de David, il ne pouvait souffrir que, tandis qu'il ne manquait de rien à la maison des hommes, notre grand Dieu de l'Eucharistie habitât sous une tente bien moins précieuse que celle où reposait l'arche sainte du Dieu d'Israël. Il y songeait depuis longtemps, et semblable au prophète, il ne donna pas de repos à ses yeux et de sommeil à ses paupières, jusqu'à la réalisation de son pieux dessein. Vous l'avez vu à l'œuvre, mes frères ; il s'y donna tout entier : son talent, ses fatigues, ses ressources, il n'épargna rien, pour que cette église fût digne de sa piété et de la vôtre. Le voilà à l'étude de l'architecture catholique qu'il aimait d'une sainte passion ; puis, pendant un hiver rigoureux, il était là sur le chantier, payant de sa personne, animant l'ouvrier de la voix et de l'exemple. Courses, voyages, soucis de toute nature, il comptait tout pour rien, et les générations à venir lui devront, en grande partie, ce gracieux monument, qui rappelle les plus pures traditions de l'art chrétien à ses meilleurs jours.

Voilà ce que tout le monde sait, ce qui se publie sur les toits. Mais combien de saintes œuvres moins connues et non moins méritoires aux yeux de Dieu ! — Parlerons-nous de ses aumônes ? Chacun sait combien elles étaient abondantes, intelligentes, affectueuses. Non content de soulager le pauvre qui venait lui dévoiler sa misère, sa charité prévenait sa demande. — Que de fois n'a-t-il pas glissé dans la chaumière de l'indigent, presque à son insu, l'obole dont il avait besoin ! Les malades surtout étaient l'objet de sa tendre sollicitude. Les visiter, les soigner de ses propres mains, étaient pour lui choses familières. Que de nuits n'a-t-il pas passées à leur chevet ? Comme il les recueillait avec un pieux empressement, s'ils n'avaient pas d'asile ! Dans combien de cœurs affligés n'a-t-il pas versé la consolation ? Que de conseils salutaires il a donnés à ceux qu'il voyait s'écarter du droit chemin ! Nous pouvons en toute vérité lui appliquer ces paroles que le saint homme Job disait de lui-même : *J'étais l'œil de l'aveugle, le pied du boiteux ; j'étais le père des pauvres.*

Et où donc, mes frères, puisait-il cette soif dévorante des bonnes œuvres, cette infatigable activité pour les accomplir ? C'était dans votre cœur, Seigneur Jésus, c'était dans cette piété tendre, modeste, ardente dont son âme était embrasée. Quel amour de la prière ! Chaque matin il se livrait au saint

exercice de l'oraison avec la régularité d'un religieux.
Quelle foi vive ! Comme autrefois le saint roi Wenceslas, il
aimait à s'occuper de tout ce qui concerne le service des
autels. Les fêtes et les saintes cérémonies de l'Église fai-
saient ses délices. Était-ce un homme ou un séraphin,
lorsqu'il s'approchait de la table sainte, et que de douces
larmes sillonnaient son visage radieux ?

Ah ! quelle vie ! mes frères, quels exemples ! Ne les
oublions pas. Celui qui nous les a donnés méritait de cou-
ronner son pèlerinage sur la terre par une mort glorieuse,
et qui met le comble à ses sacrifices et à ses mérites.
Désigné par la voix publique et choisi par le suffrage de
tous les gens de bien pour aller prêter le loyal concours de
ses conseils à notre infortunée patrie, il comprenait toute
la gravité et le péril d'une pareille mission ; mais il l'accepta par dévouement pour son pays. C'était dans l'accomplissement de cette grande tâche qu'il devait consommer
sa carrière. La maladie éclata comme la foudre. C'était
l'heure..... l'heure de la récompense, car il est écrit :
Timenti Dominum bene erit in extremis, et in die defunctio-
nis suæ benedicetur ; « Celui qui craint le Seigneur sera bien
» heureux dans ses derniers instants, et il sera béni au
» jour de sa mort. »

Soyez donc béni, ô cher et vénéré défunt, recevez le
prix de vos œuvres ; que le souvenir en vive à jamais dans
le cœur de ceux qui m'entendent, et qu'il y soit impéris-
sable, comme ces paroles que je voudrais voir gravées sur
votre tombe : *Amédée de Savignhac, brillante intelligence,*
noble cœur, père des pauvres, consolateur des malades et des
affligés, zélateur de la maison de Dieu, serviteur de Jésus-
Christ, mort au service de la France malheureuse.

Et maintenant, sainte Église de Dieu, continuez pour cette âme que la mort a trouvée si bien préparée, vos chants de douleur et d'espérance ; prêtre du Seigneur, achevez le sacrifice de propitiation ; et nous, mes frères, unissons nos prières à l'offrande du sang de Jésus-Christ qui va couler sur cet autel ; afin que, si celui que nous pleurons avait encore quelque chose à expier devant la justice d'un Dieu qui trouve des taches jusque dans ses anges, il s'envole au plus tôt dans le séjour de l'éternel repos.

Ainsi soit-il !

Ce discours, aussi simple et non moins éloquent que la vie de celui qui en était l'objet, impressionna vivement l'assistance. Le saint sacrifice de la messe s'acheva dans le plus profond recueillement. Personne qui ne fût attendri...

Avant les prières de l'absoute, Monseigneur l'Évêque de Vannes se fit un devoir de prendre la parole. Nous reproduisons le commencement et la fin de son allocution.

« MONSEIGNEUR,

» On a beau dire que *les grandes douleurs sont muettes :* vous nous avez prouvé ce dont est capable un bon cœur, servi par une riche intelligence, quand il s'agit de consoler, en la partageant, l'affliction d'autrui, et de rendre hommage au mérite et à la vertu. Au témoignage de l'Esprit-Saint, *l'homme fidèle sera comblé de louanges* (1). Vous aviez donc toute autorité pour faire l'éloge funèbre de Messire Amédée de Savignhac. C'était, en effet, *un homme* des plus remar-

---

(1) Prov., XXVIII, 20.

quables. *Le Seigneur l'avait donné* à notre pays ; *le Seigneur nous l'a ôté ; que le nom du Seigneur soit béni* (1)! Il *avait gardé fidélité* à Dieu, à ses semblables, à lui-même. Vous *pouviez le glorifier* en toute liberté, autant qu'il *s'était abaissé* volontairement, pour se faire *tout à tous*. Souffrez, Monseigneur, que je remercie Votre Grandeur du charitable concours qu'Elle a daigné nous témoigner dans cette cruelle épreuve.

» Ah ! mes Frères, que les temps sont changés ! Vous souvient-il de ce qui se passait en ce lieu saint, il y a deux ans à peine ? Pour moi, je ne perdrai jamais le souvenir de cette fête de famille. Il était au milieu de nous, plein de santé, de joie et d'espérance ; il était l'âme même de notre réunion, cet *homme fidèle,* qui voyait avec complaisance le Pontife du Seigneur appeler les bénédictions célestes sur la nouvelle église que nous devons à sa munificence et à son dévouement.

» A cette époque, notre France chérie semblait prospère, forte, invincible... L'Église se préparait à livrer aux erreurs contemporaines un combat tout pacifique, mais victorieux. Hélas ! les nuages qui commençaient à s'amonceler à l'horizon de notre courte vue, portaient dans leurs flancs d'horribles tempêtes. Quel déluge de sang ! A quel siècle de notre histoire faut-il remonter pour retrouver des brutalités, des dévastations, des pillages, des ruines aussi lamentables ! Pour comble d'infortunes, nous devrons subir d'écrasantes indemnités de guerre et des mutilations déchirantes. Paris est à la merci d'un potentat dévoré d'ambition et couvert de rapines. Rome continue d'être profanée par une tourbe

______

(1) Job, i, 21.

ignoble et cosmopolite, sous les yeux et aux applaudissements d'un prince et d'une princesse dont les sacriléges témérités appellent un châtiment exemplaire. Il est donc bien vrai, mes Frères, que *les malheurs sont souvent enchaînés l'un à l'autre*. Le deuil de l'Église et de la France ne peut que rendre plus amères les larmes que nous versons avec nos prières sur les restes vénérés que renferme ce cercueil. J'ai bien des motifs de pleurer avec vous... »

Pénétré des religieux sentiments qui lui avaient dicté la lettre écrite, le 25 février, à Mme de Savignhac, Mgr Bécel entra dans des considérations touchantes et pleines d'actualité, que nous avons le regret de ne pouvoir reproduire. Sa Grandeur lut le télégramme qu'Elle avait adressé à Son Exc. M. le ministre des Cultes, pour solliciter la faveur d'inhumer l'illustre défunt dans l'église paroissiale d'Augan. Elle termina ainsi :

« Nos vœux seront accomplis, mes Frères. Cette autorisation, gracieusement accordée, sera pour nous tous la plus douce des consolations humaines. Parents, amis, protégés de M. de Savignhac, quand vous entrerez dans cette église, après vous être prosternés devant le Tabernacle, vous aimerez à vous rapprocher du monument funèbre qui renfermera de si précieuses reliques. Une vertu en sortira, qui vous rappellera les exemples et les bienfaits du *serviteur fidèle et prudent que le Seigneur avait constitué sur cette* intéressante *famille* paroissiale (1). *Il est mort, mais il parle encore* (2). Courage ! vous dit-il. La lutte, si pénible qu'elle soit, n'a rien d'effrayant. Je vous assisterai, je vous aimerai toujours. Je parlerai de vous au *Père céleste*, à la *Consolatrice des affligés*. A bientôt ! Tous ensemble, nous goûterons,

---

(1) S. Luc, XII, 42. — (2) Ép. aux Héb., XI, 4.

sans fin ni mélange , des joies, des douceurs, des gloires, auprès desquelles la terre ne procure que tristesses, qu'amertumes, qu'humiliations. Pour *moissonner dans la joie, il faut semer dans la peine* (1). Allons, mes amis, *ne pleurez pas comme ceux qui n'ont plus d'espérance* (2). Confiance plutôt en la Providence ! Elle est mieux représentée parmi vous que chez tant d'autres. La demeure où je me plaisais à vous recevoir et à vous entendre, ne sera pas fermée. Portez-y, avec l'expression de vos nécessités, le respect, l'affection et la gratitude dont je vous sais capables. Parlez de moi ; vous serez compris. Soyez bénis ! Le temps passe ; l'éternité approche. Vous savez à quelles conditions elle sera heureuse.

» Anges gardiens de ce cercueil, ayez pitié de la *femme forte* qui imite aujourd'hui Marie au pied de son Calvaire. Comme Marie, après l'Ascension, elle continuera seule son pèlerinage. En attendant l'heure de sa délivrance, elle n'aura qu'un désir : rattacher l'avenir au passé par les liens indissolubles de souvenirs édifiants, d'une soumission parfaite, d'une charité maternelle. Messagers fidèles, portez jusqu'au Ciel nos regrets, nos vœux, nos besoins, nos craintes, nos espérances. Que la grande âme qui a brisé ses chaînes, pour prendre son vol vers la Patrie, nous protége au fond de notre exil !

» Nous aimons à le croire, elle est en possession du Souverain Bien. Elle saura compatir à nos misères, dont elle n'ignore ni la profondeur ni l'étendue. Elle usera de tout son crédit auprès de Dieu pour hâter le triomphe de l'Église et pour assurer le salut de la France.

» Ainsi soit-il ! »

---

(1) Ps. CXXV, 5. — (2) 1re ép. aux Th., IV, 12.

DOCUMENTS

COMMUNIQUÉS

PAR M. LE RECTEUR D'AUGAN.

I

L'Assemblée nationale est à peine réunie depuis deux semaines que déjà la mort a frappé dans ses rangs.

L'honorable M. de Savignhac, ancien officier d'artillerie, ancien conseiller général et, depuis les dernières élections, député du Morbihan, a succombé aux atteintes d'une terrible et prompte maladie.

Désigné de tout temps par l'estime et les vœux hautement exprimés de ses concitoyens pour les représenter, aux premiers rangs, dans nos Assemblées politiques, M. de Savignhac, dont la modestie n'était égalée que par ses hautes qualités, redoutait et éloigna de lui, aussi longtemps que cela fut possible, une tâche que seul il croyait au-dessus de ses forces. Mais quand les plus mauvais jours se furent levés sur la France, quand le pays fit un suprême appel à ses meilleurs fils, quand la voix du peuple lui imposa ses ordres, l'homme de bien que nous pleurons, cessant toute résistance, se leva pour obéir et se dévouer.

Renonçant à tous ses goûts, à toutes ses habitudes, abandonnant ses chères occupations, qui se traduisaient autour de lui par des bienfaits journaliers et d'incomparables exemples, il se rendit aussitôt au poste d'honneur et de combat qui lui était assigné.

Ne connaissant d'autre ambition que celle de marcher sous les inspirations d'une conscience et d'un cœur droits, vers tout bien possible, sans autre crainte que de ne pouvoir pas mettre ses actes au niveau de ses désirs et de son amour de la France, il apportait à sa nouvelle tâche une haute intelligence, une instruction rare, un dévouement scrupuleux, un caractère et une foi antiques.

Ceux qui le connaissaient savent bien, et je le sens moi-même, que mes paroles ne suffisent pas à exprimer, comme je le voudrais, mes sentiments et leur estime.

Puisse du moins ce faible témoignage, écrit dans l'émotion des premiers regrets, porter quelque adoucissement à la douleur de sa famille et de ses amis, et apprendre aux hommes honorables, dont il était hier le collègue, que sa mort est une grande perte pour l'Assemblée et pour le pays !

Lorsque ses mortelles et chères dépouilles toucheront le sol du Morbihan, j'ose prédire que les populations émues viendront à leur rencontre pour le pleurer ensemble, raconter ses bienfaits et bénir sa mémoire.

Cet article, écrit par un ami du défunt, a été publié dans plusieurs journaux.

II

Bordeaux, le 9 Mars 1871.

Monsieur, (1)

En me présentant chez M. de Savignhac, je reconnus tout d'abord la gravité du mal dont il était atteint. Ne connaissant pas ses dispositions, j'hésitai à lui parler du bon Dieu ; cependant la bienveillance avec laquelle il m'accueillit m'enhardit bientôt, et, dans la soirée, je lui fis faire une petite prière, en invoquant sainte Anne. Alors il poussa un soupir, et son âme sembla s'épanouir. Il me demanda si je ne connaissais pas à Bordeaux un R. P. Jésuite que lui-même avait connu à Vannes ; il m'indiqua l'époque à laquelle il avait rencontré ce Père, et, la voyant très éloignée, je répondis que je doutais fort qu'il y fût, mais que, s'il désirait voir un Père, je pourrais lui en faire venir un. Il me répondit : « Ma chère Sœur, lorsqu'on est éloigné de sa famille, il faut songer à régler des affaires aussi sérieuses que celles de l'éternité. » Alors je fis des démarches afin de faire arriver un de ces RR. Pères qu'il ne connaissait pas, et qui fut parfaitement reçu. Le Père vint vers neuf heures, et je les laissai seuls. Ils causèrent ensemble pendant quelque temps, et, lorsque je rentrai près de Monsieur de Savignhac, il me fit part du bonheur qu'il avait éprouvé, et m'annonça qu'il était convenu que le Père reviendrait le lendemain.

---

(1) Cette lettre a été écrite à M. le Recteur d'Augan par la Sœur garde-malades qui fut appelée auprès de M. de Savignhac.

Je lui fis faire quelques prières de temps en temps ; mais bientôt je fus obligée de le retenir de peur de le fatiguer, car il priait tout haut ; malgré mes recommandations, il continuait toujours de prier, tantôt en français et tantôt en latin. Il eut quelques moments de délire, pendant lesquels il s'occupait de ses affaires temporelles, de politique, mais revenait toujours au bon Dieu. J'ai rencontré bien peu de cœurs aussi reconnaissants ; il me remerciait pour le plus petit service.

Il m'était obéissant comme un petit enfant. Dans un moment de suffocation, comme il voulait sortir de son lit, je le retins, et il me répondit : « C'est vrai, j'oubliais que vous étiez près de moi, et je ferai tout ce que vous voudrez. » Il était alors trois heures du matin. M'apercevant que son délire allait toujours croissant, je lui demandai s'il aurait plaisir de voir Madame de Savignhac, il me répondit que oui ; s'il n'avait rien à lui faire dire de particulier ; il réfléchit un instant et me dit que non. Ensuite, s'étant assis sur son lit, il dit, en regardant la terre : « Allons, tout cela dans le néant, ne pensons plus qu'à Dieu. » Peu à peu il perdit la parole. Sa dernière fut sur la charité. Il conserva néanmoins sa connaissance jusqu'au dernier moment.

Le Père revint le matin vers neuf heures, comme il l'avait promis. Je les laissai seuls pendant près de trois quarts d'heure ; après quoi, il lui donna l'Extrême-Onction, et, à onze heures, il n'était plus. Il s'est éteint sans agonie.

Veuillez agréer, Monsieur, l'assurance de mes sentiments respectueux,

Sʳ SAINT-FRANÇOIS-D'ASSISES.